꿈꾸는 우리역사 그림책 2 · 모명재

조선을 사랑한 명나라 장수 두사충 이야기

'꿈꾸는 우리역사 그림책' 시리즈는 지역의 문화적 자긍심 고취와 아이들의 역사적 상상력을 키우기 위해 우리 주변에 숨 쉬고 있는 유적지들을 발굴하여 그 숨은 이야기를 들려주고자 만든 책입니다.
부모님과 함께 재미있는 이야기를 읽고 유적지를 방문하면 듣고 보고 느끼는 멋진 역사여행이 될 것입니다.

글 | 김명년
세상의 다양한 문화와 삶의 방식에 관심이 많아 이곳저곳 돌아다니기를 좋아하며
관련 분야에 대한 책 읽기와 글쓰기를 즐깁니다.
쓴 그림책으로는 〈나야대령〉이 있습니다.

그림 | 김호랑
창 너머 사람들을 보는 것과 추운 겨울이면 따뜻한 이불 속에서
뒹굴뒹굴 하는 것을 좋아합니다.
아이들이 꽃과 나비와 함께 늘 행복했으면 좋겠습니다.
그린 책으로는 〈호랑이가 준 보자기〉 〈손 없는 색시〉
〈할머니가 아프던 날〉 등이 있습니다.

캘리그래피 | 최문성

발행인 | 서연수
편집인 | 최문성 서경림 박은화
발행처 | Readers & Leaders
발행일 | 2015. 10. 31. 초판 1쇄

주소 | 대구광역시 수성구 동대구로 29길 32
전화 | 053-767-7200   팩스 | 0303-0503-7200
홈페이지 | www.readers.or.kr
사진 및 자료 제공 | 대구광역시 수성구청
감수 | 수성시니어클럽 문화재해설사업단

ISBN | 978-89-964185-7-3 (77990)

이 책은 저작권법에 따라 보호를 받는 저작물이므로 무단전재와 무단복제를 금지하며,
책 내용의 전부 또는 일부를 이용하려면 반드시 Readers & Leaders의 서면동의를 받아야 합니다.

모명재

글 김명년 | 그림 김호랑

경상감영
두사충과 대구, 그 첫번째 연을 맺은 경상감영

선조 34년(1601년) 두사충이 살던 곳에 감영이 설치되었다.
이로 인해 대구는 경상도의 중심을 넘어 한강 이남에서 최고의 전통과 역사를 자랑하는 도시가 되었다.

Readers & Leaders

1599년 겨울, 충청남도 아산의 금성산 기슭.
긴 수염의 선비가 산자락을 물끄러미 바라봅니다.
뒤로는 병풍처럼 산이 둘러싸고 아래로는 강물이 흐릅니다.

얼마나 시간이 흘렀을까….

선비의 곁을 지키고 서 있던 그의 아들이 공손히 묻습니다.
"아버님, 이순신 장군의 묘를 여기에다 쓰시렵니까?"

깊은 생각에 잠겨있던 선비가 말합니다.
"푸른 산과 맑은 물이 있어 여기가 좋겠구나!"

선비의 머릿속에는 7년 전쟁의 순간들이 스쳐 지납니다.
그가 바로 명나라 장군 '두사충' 입니다.

두사충은 일찍이 풍수의 대가로 이름이 높았습니다.

1592년 임진년,
왜국이 명나라를 침략하기 위해 먼저 조선을 공격해 왔습니다.

준비가 부족했던 조선은 서둘러 명나라에게 도움을 구했고,
두사충은 명나라 군대의 총사령관 이여송의 지리참모로
조선 땅을 밟게 되었습니다.

'지리참모'란, 군대가 싸움에 이기기 위해
어디서 어떻게 싸울지를 사령관에게 조언하는 사람으로,
풍수에 능한 두사충에게 딱 맞는 자리였습니다.

조선과 명의 연합군은 왜군과 싸워 이기고 지기를 거듭했습니다.
어느 날, 큰 싸움에서 연합군이 패하자 총사령관 이여송은
불같이 화를 내며 두사충에게 책임을 물었습니다.

"도대체 어찌 이리 쉽게 질 수 있단 말인가?
 이번 일은, 두사충!
 그대의 잘못된 판단 때문이니
 패전의 책임을 물어 그대의 목을 칠 것이다!"

조선의 대신들은 한 목소리로 이여송 장군을 말렸습니다.
특히, 좌의정을 지낸 약포 정탁이 앞장을 섰습니다.

"장군, 이기고 지는 것은 장수에게 흔히 있는 일이지 않소.
 그간 두사충 장군의 공이 적지 않았고,
 앞으로의 전쟁에 두장군의 역할은 더욱 중요할 것이오.
 순간의 화로 큰일을 그르치지 않길 바라오."

이여송은 두사충을 벌하려던 마음을 바꾸었습니다.

죽다가 살아난 두사충은 조선 대신들의 용기에 깊이 감동하였고,
조선이라는 나라를 마음으로 아끼게 되었습니다.

임진왜란이 끝날 즈음, 두사충은 명나라로 돌아갔습니다.

1597년, 왜군이 다시 조선으로 쳐들어왔을 때
두사충은 명나라 수군 도독 진린과 함께
해전이 치열하던 조선의 남해로 출전하게 되었습니다.

두사충의 마음 속에는
지난 전쟁 때 조선 땅을 구석구석 밟아보지 못한 아쉬움과
자신의 목숨을 살려 준 벗들에 대한 그리움이 있었습니다.

'조선과의 인연이 이렇게 이어진단 말인가….
나의 목숨을 살린 조선의 벗들을 다시 보게 되는구나!'

이순신 장군과 두사충이 처음 만난 곳은 어느 해전이었습니다.
조선과 명나라의 수군은 왜군에 맞서 함께 작전을 펼쳤고,
큰 승리를 거두게 되었습니다.

"이순신 장군! 장군은 분명 하늘이 내린 사람이오,
어찌 이처럼 어려운 전투를 실타래 풀듯 이겨낼 수 있소?"

"두 공, 나는 그저 나라를 지키는 장수일 뿐이오.
오늘의 승리는 죽음을 두려워하지 않고 싸운 우리 조선 병사들과
그대 두 공의 명나라 병사들 덕이라오."

"이 장군, 그대는 참으로 크게 쓰일 분이오.
전쟁이 끝나면 명나라 황제께 그대의 공을 자세히 아뢸 것이오."

육지로 향하는 대장선 위에 선 두 사람의 얼굴에는
승리의 기쁨과 서로에 대한 믿음이 가득 찼습니다.

휘영청 밝은 달이 비추는 바닷가 정자에서
이순신 장군과 두사충은 승리를 축하하는
조촐한 술자리를 가졌습니다.

"이 장군, 그대는 전략만이 아니라 시·서에도 능하시더구려.
얼마 전 한산섬에서의 깊은 시름은 이제 좀 덜하신 게요?"

"하하하 두 공, 장수의 시름에는 승리만한 보약이 없나보오.
또한, 나를 알아주는 벗이 곁에 있으니 더더욱 기쁘오.
이 좋은 날 두 장군께 시 한수 지어 드리리다."

이순신 장군은 시를 읊기 시작하였습니다.

"북으로 가서 슬픔과 기쁨을 같이 하고
동으로 와서 죽고 사는 것을 함께 하네.
성 남쪽 타향의 밝은 달 아래
오늘 한 잔 술로 정을 나누세."

이순신 장군과 조명연합군은 연전연승을 이어갔습니다.

1598년, 마침내 철수를 결심한 왜군은
노량 앞바다에 남은 병력을 모두 모아
자신들의 나라로 돌아갈 길을 뚫고 있었습니다.

"공격하라, 공격하라!
 조선의 땅을 함부로 침범한 왜적들을 한 명도 살려 보내지 마라!
 힘을 내라, 조선의 병사들이여!
 죽고자 하면 살 것이오, 살고자 하면 죽을 것이다!"

치열했던 전투가 조선군의 승리로 끝나갈 무렵,
어디선가 날아 든 왜군의 총탄이 이순신 장군의 가슴을 파고들었습니다.

"장군! 장군!"

다급하게 소리치는 부하들에게 장군은 힘겹게 말을 잇습니다.

"경거망동하지 마라, 여기는 전쟁터가 아니더냐!"
"나의 죽음을 적에게 알리지 마라."

빗발치는 총탄과 화약연기 속에서,
이순신 장군은 서서히 숨을 거두었습니다.

두사충은 장군의 죽음에 꺼이꺼이 목 놓아 울었습니다.

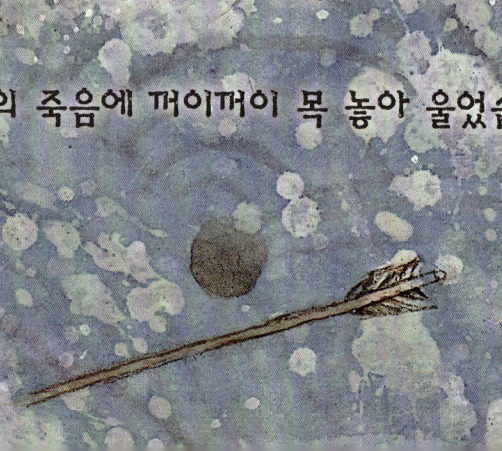

압록강 강가에는 살을 에는 듯한 매서운 눈보라가 휘날립니다.

"두 공, 정녕 고향으로 돌아가지 않고 조선 땅에 남으실 생각이오?"

명나라로 돌아가는 진린 도독은 두사충의 두 손을 꼭 붙잡았습니다.

"진 공, 명나라는 꺼져가는 촛불과도 같소.
명나라 신하로 남는 길은 형제 나라인 이 땅에서 길을 찾는 일일 것이오.
무엇보다 나는 조선의 땅과 사람들을 사랑하게 되었소!"

압록강을 건너 명나라로 돌아가는 군대를 바라보며,
두사충은 다시는 고향으로 돌아갈 수 없다는 생각에 목이 메여
차오르는 슬픔을 시로 달래었습니다.

'하늘 끝에 홀로 있는 늙은 몸은 돌아가지 못하고
해 저무는 동녘 땅 큰 강가에서 목 놓아 우노라!'

두사충은 한양으로 돌아와 임금을 알현하였습니다.

"두 차례의 전쟁에 그대의 공이 이루 말할 수 없이 크오.
 그대가 조선 땅에서 살고자 하니 참으로 반갑구려.
 그대에게 땅을 하사하고자 하니 어디가 좋으시겠소?"

두사충은 주저 없이 대답했습니다.

"신이 본 바로는
 경상도 대구 고을이 풍속이 아름답고 인심이 후하여,
 머물기에 부족함이 없을 것으로 생각되옵니다.
 전하께서 허락해 주신다면 대구로 내려가 살고 싶사옵니다."

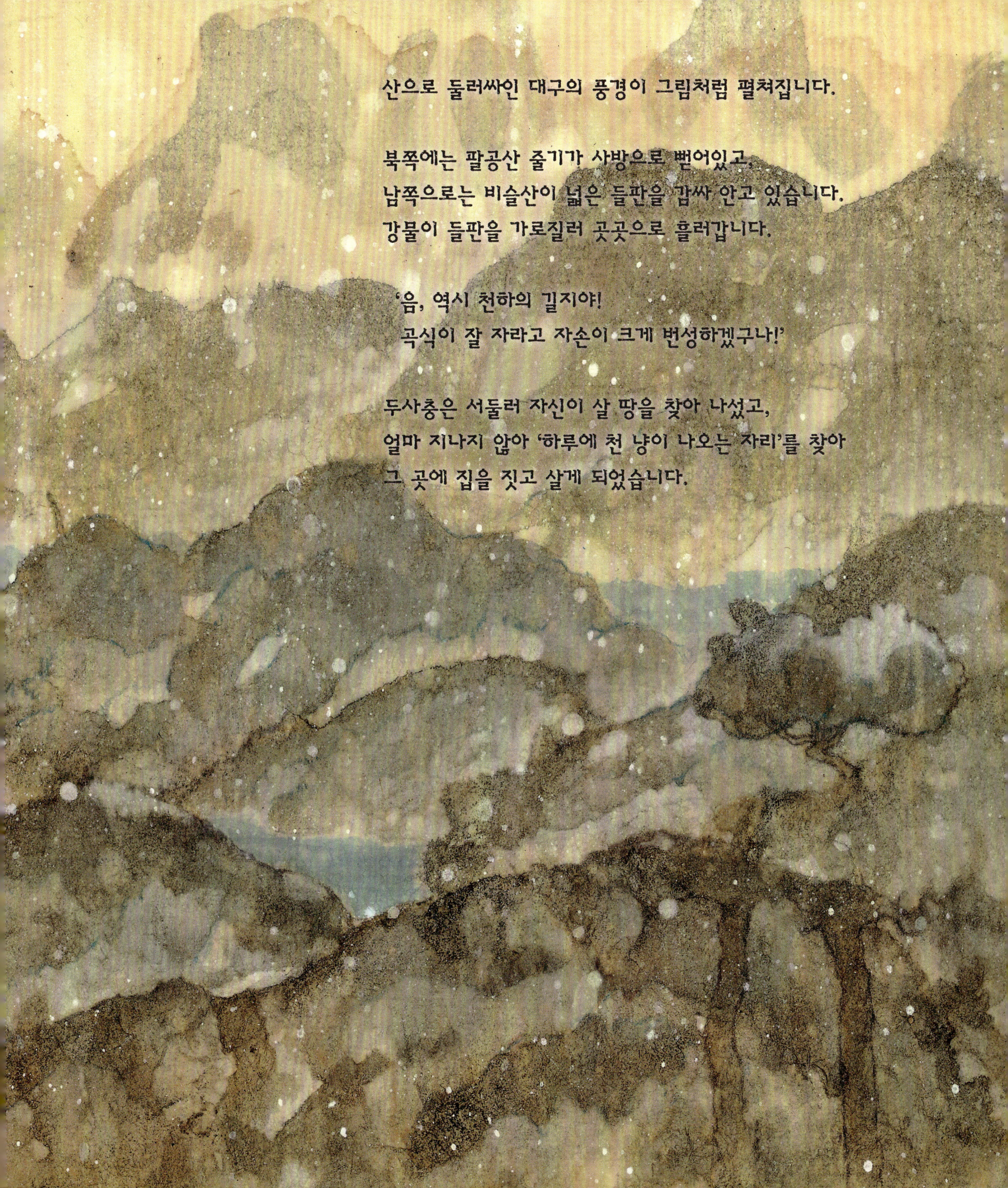

산으로 둘러싸인 대구의 풍경이 그림처럼 펼쳐집니다.

북쪽에는 팔공산 줄기가 사방으로 뻗어있고,
남쪽으로는 비슬산이 넓은 들판을 감싸 안고 있습니다.
강물이 들판을 가로질러 곳곳으로 흘러갑니다.

'음, 역시 천하의 길지야!
곡식이 잘 자라고 자손이 크게 번성하겠구나!'

두사충은 서둘러 자신이 살 땅을 찾아 나섰고,
얼마 지나지 않아 '하루에 천 냥이 나오는 자리'를 찾아
그 곳에 집을 짓고 살게 되었습니다.

얼마 후, 경상감영이 대구로 옮겨 온다는
소식이 전해졌습니다.

"소인이 살고 있는 땅은 손꼽히는 명당이오니
기꺼이 제 땅을 내어놓겠습니다.
소신, 비록 명나라에서 태어났지만 이제는 조선 사람이옵니다.

나라의 복은 곧 저의 복이오니
부디 좋은 땅에 감영을 지어 백성들이 편히 살 수 있도록 하옵소서."

두사충의 마음 씀씀이에 깊이 감탄한 임금은,
그의 충성스러운 마음을 갸륵히 여겨 전보다 훨씬 넓은 땅을 내주었습니다.

두사충은 새 집을 짓고 살게 되었지만,
무명옷을 입고 추운 겨울을 지내는 사람들이 늘 안쓰러웠습니다.

"여보시오, 명나라에는 누에로 실을 뽑아 옷을 짓소.
명주옷은 가볍고 따뜻하여 무명과는 비할 바가 아니오."

두사충은 자신의 집에 뽕나무를 심고 누에를 길러
명주 만드는 방법을 마을 사람들에게 알려 주었습니다.
두사충의 집은 길쌈을 배우러 온 사람들로 늘 북적였습니다.

어느새 마을에는 넓은 뽕나무밭이 펼쳐졌고,
따뜻한 옷을 입은 사람들의 얼굴이 환해졌습니다.

마을 사람들의 걱정거리를 덜어준 두사충은
풍수지리책 만들기에 몰두합니다.

대구뿐만 아니라 조선의 곳곳을 돌아다니며
좋은 땅과 나쁜 땅을 찾아 그 이야기를 책으로 만들었습니다.

조선의 유명한 선비들과 널리 친하였기에
가는 곳마다 친구들의 환영을 받았습니다.

그는 친구들에게 좋은 땅 찾아 주는 일을
큰 기쁨으로 여겼습니다.

두사충은 더 넓은 곳으로 이사하였습니다.

풍수 공부와 뽕나무 농사에 여념이 없었지만,
나이가 든 탓인지
마음 한 구석에는 고향에 대한 그리움이 생기기 시작했습니다.

'아! 명에 두고 온 가족과 친구들은 어찌 지내는지
 살아생전 고향 땅을 한 번이라도 밟을 수 있다면….'

두사충은 집 근처에 단을 쌓고,
명나라 쪽을 향해 절을 올리며 그리운 마음을 달랬습니다.

평생 남에게 좋은 땅을 찾아 주었던 두사충은
이제 자신이 묻힐 땅을 찾아 두 아들과 함께 길을 나섰습니다.

오래 전부터 미리 눈여겨 봐 둔 '고산'으로 가던 중,
어느 고개에 이르렀습니다.

가쁜 숨을 몰아쉬던 두사충은 가마를 멈추라고 했습니다.

"아버님, 여기가 그 천하 명당이옵니까?
  장차 아버님을 여기에 모시면 되겠사옵니까?"

두사충은 갑자기 끓어오르는 기침가래로 말을 잇지 못하였습니다.
불현듯 그의 머릿속에 큰 깨달음이 떠올랐습니다.

"그만 돌아가자."

아들들은 놀라 되물었습니다.
"아버님, 여기가 그 길지가 아니란 말씀이옵니까?"

"장차 내가 죽거든, 볕 잘 드는 산자락에 묘를 쓰거라.
  길흉화복은 땅이 아니라 사람으로부터 나는 법이거늘…."

"아버님! 아버님!
    어서 기운을 차리옵소서."

조선에서 풍수지리가로 살아온 세월이 눈앞을 스쳐갑니다.
두사충은 꺼져가는 소리로 중얼거립니다.

"참으로 긴 세월이야.
    이 땅에서 하고 싶은 일은 모두 다 이루었으니
    이제 원 없이 떠날 수 있겠구나."

두사충의 눈이 스르르 감기더니,
눈가에 맺힌 눈물 한 방울이 툭하고 떨어졌습니다.

명나라와 조선, 두 나라를 사랑하며 살아온 두사충은
꿈을 꾸듯 평온하게
저 세상의 또 다른 명당을 찾아 긴 여행을 떠났습니다.

자식들은 두사충의 유언에 따라
햇볕이 잘 드는 지금의 '형제봉' 기슭에
무덤을 만들었습니다.

훗날, 두사충의 후손들은
그 근처에 두사충을 기리기 위한 집을 짓고
명나라를 그리워한다는 뜻을 담아
'모명재'라 이름 붙였습니다.

오늘날까지 모명재는 두사충의 일생과,
조선과 명나라의 우정을 상징하는
대구의 소중한 문화유산으로 전해 내려오고 있습니다.

두사충을 기억하기 위한 재실 **모명재**

모명재(慕明齋)

명나라 사람인 두사충은 임진왜란과 정유재란에 참여하여 큰 공을 세우고, 전쟁 후에는 조선에 귀화하였습니다. 모명재는 그를 기리기 위해 후손들이 세운 재실입니다.

1912년에 지은 모명재는 1966년 다시 고쳐 지었고, 2013년, 2년여에 걸친 대구 수성구청의 복원 노력으로 역사와 이야기를 담은 도심 속의 쉼터가 되었습니다.

만동문(萬東門)

모명재 대문의 현판. 만동문은 '백천유수 필지동(百川流水 必之東)'에서 따온 말로 '모든 하천은 동쪽으로 흘러간다'는 뜻입니다.

고향인 명나라를 잊지 않겠다는 두사충의 마음이 담겨 있습니다.

문인상

모명재에는 두사충의 고향인 명나라에서 가져온 푸른 돌로 다듬은 문인상이 있습니다.

신도비

이순신 장군의 7대손인 삼도수군통제사 이인수가 두사충의 업적을 기린 글을 비석에 남겼습니다.

이순신과 두사충의 우정이 후손들에게까지 이어졌음을 알 수 있습니다.

조선 사람이 된 명나라 장수 두사충

모명(慕明) 두사충

두사충의 호는 명나라를 사모한다는 뜻의 모명(慕明)입니다.
중국 두릉 사람으로 임진왜란과 정유재란, 두 차례에 걸쳐
명나라의 지리참모로 조선에 왔습니다.
전쟁 이후, 명나라가 기울고 청나라가 일어나는 상황에서
조선사람이 될지언정 오랑캐(靑)의 백성은 될 수 없다고 생각하여
두 아들과 함께 조선에 귀화하였습니다.
조선의 산세와 지세에 밝았던 두사충은 대구에 뿌리를 내리고 살았습니다.
그의 자취는 오늘날까지 대구 곳곳의 역사와 이야기가 되어
전해지고 있습니다.

이순신 장군과의 우정

두사충은 조선과의 합동작전을 펼칠 때, 조선 수군을 지휘하던
충무공 이순신장군과 친분을 맺었습니다.

이순신 장군은 명의 장수가 죽음을 마다않고 조선까지 두 차례나 온 것에
깊이 감동하여, 두사충에게 한시를 지어 고마운 마음을 전했습니다.

이순신 장군이 지어준 시는 모명재의 기둥에 새겨져
두 사람의 깊은 우정을 엿볼 수 있게 합니다.

이순신 장군이 두사충에게 보낸 시

奉呈杜僕射 忠武公 李舜臣 贈詩
北去同甘苦
東來共死生
城南他夜月
今日一盃情

봉정두복야 두복야에게 드리는 시

- **북거동감고** | 북으로 가서는 고락을 같이 했고
- **동래공사생** | 동으로 와서는 생사를 함께 했네
- **성남타야월** | 성곽 남쪽 타향의 달밤 아래에서
- **금일일배정** | 오늘은 한 잔 술로 정을 나누세

두사충이 꼽은 대구의 명당

경상감영 | 대구 중구 포정동

두사충이 '하루에 천 냥이 나오는 자리'라고 꼽은 명당으로,
조선 선조 때 경상감영이 들어섰습니다.
현재는 경상감영 관찰사가 집무를 보던 선화당과
관사로 쓰던 징청각이 남아있습니다.

뽕나무골목 | 대구 중구 계산동

경상감영 터에서 계산동으로 옮겨온 두사충은 대구사람들에게
뽕나무를 심고 누에를 길러 명주 만드는 방법을 알려주었습니다.
이로 인해 계산동 일대를 뽕나무 골목이라 불렀으며,
현재의 근대골목에 그 자취가 남아 있습니다.

대명동 | 대구 남구 대명동

지금의 대덕산 부근으로 이사를 한 두사충은 고향이 더욱 그리워지자
매월 초하루와 보름에 단을 쌓고 명나라를 향해 큰절을 올렸습니다.
이 일대를 명나라를 그리워하는 두사충의 마음을 담아
대명동(大明洞)이라 부르게 되었습니다.

고산 | 대구 수성구 고산동

두사충이 처음 자신의 묘터로 봐 둔 자리입니다.
금호강이 굽어 흐르고 넓은 들판이 펼쳐져 있던 곳으로
두사충이 잡아둔 묘터에는 이후에 고산서당이 들어섰습니다.

형제봉 | 대구 수성구 만촌동

아들들에게 자신의 묘터를 안내하던 두사충은 기침이 심해
담티고개에서 발길을 멈추고, 인근의 형제봉 아래 묘를 쓰면
자손이 번창할 것이라 하였습니다.
자손들은 그의 유언에 따라 지금의 자리에 묘를 쓰게 되었습니다.

임진왜란과 정유재란

임진왜란 | 1592년, 임진년에 왜적들이 난을 일으키다!

일본을 통일한 도요토미 히데요시는 조선을 거쳐 명나라 대륙을 손아귀에 넣고자 하는 욕심을 드러냅니다. 1592년 4월, 700여척의 배와 20만 명의 왜군은 조선을 침략해 옵니다. 미처 준비를 하지 못한 조선은 하루가 채 되지 않아 부산을 빼앗기고, 20일 만에 수도 한양까지 무너지고 맙니다.

명나라의 도움이 있었지만 왜적의 무자비한 침략에 밀려 임금과 신하들은 북으로 피난을 가고, 수많은 백성들은 목숨을 잃게 됩니다. 이순신을 비롯한 장군들과 각 지역에서 일어난 의병들의 힘이 합쳐지면서 임진왜란은 승패를 거듭하는 치열한 전투 속으로 빠져 듭니다.

정유재란 | 1597년, 정유년에 왜적들이 다시 난을 일으키다!

조선군과 명나라군의 거센 반격에 부딪힌 왜군은 강화를 요청하며 시간을 보냅니다. 일본의 무리한 요구는 계속되었고, 서로의 의견 차이로 인해 회담은 깨어지고 맙니다. 때를 노리던 일본은 1597년 다시 조선을 침략합니다. 일본의 계략에 빠져 어려움을 겪었던 이순신 장군은 명량해협에서 12척의 배로 적 함대 133척을 격파하는 큰 승리를 거둡니다.

조선의 반격이 거세질 무렵, 도요토미 히데요시는 병으로 죽게 되고, 이순신 장군이 이끄는 조선 수군은 철수하던 왜군을 노량 앞바다에서 크게 무찌릅니다. 하지만, 왜군의 총탄에 이순신 장군은 목숨을 잃게 되었고, 그의 죽음과 함께 7년간의 길고 힘들었던 전쟁도 끝이 나게 됩니다.

꿈꾸는 우리역사 그림책 시리즈

'꿈꾸는 우리역사 그림책' 시리즈는 지역의 문화적 자긍심 고취와 아이들의 역사적 상상력을 키우기 위해 우리 주변의 유적지들을 발굴하여 숨은 이야기를 들려주고자 만든 책입니다.

자유 · 평화 그 안에 깃든 희생정신
나야대령
김명년 글 | 박지훈 그림

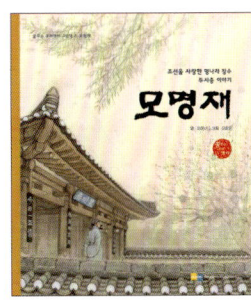

조선을 사랑한 명나라장수 두사충 이야기
모명재
김명년 글 | 김호랑 그림

우리나라 최초의 피아노 대구에 오다!
귀신통 소리통
김명년 글 | 서진선 그림